LAS HIERBAS FRESCAS LIBRO DE COCINA PARA PRINCIPIANTES

100 DELICIOSAS RECETAS DIARIAS PARA UN SABOR FRESCO

DOLORES CANIZALES

Todos los derechos reservados.

Descargo de responsabilidad

La información contenida en este libro electrónico está destinada a servir como una colección completa de estrategias sobre las que el autor de este libro electrónico ha investigado. Los resúmenes, estrategias, consejos y trucos son solo recomendaciones del autor, y leer este libro electrónico no garantiza que los resultados de uno reflejen exactamente los resultados del autor. El autor del eBook ha realizado todos los esfuerzos razonables para proporcionar información actualizada y precisa a los lectores del eBook. El autor y sus asociados no se hacen responsables de cualquier error u omisión no intencional que pueda encontrarse. El material del eBook puede incluir información de terceros. Los materiales de terceros se componen de opiniones expresadas por sus propietarios. Como tal, el autor del libro electrónico no asume responsabilidad alguna por ningún material u opiniones de terceros.

El libro electrónico tiene derechos de autor © 2022 con todos los derechos reservados. Es ilegal redistribuir, copiar o crear trabajos derivados de este libro electrónico en su totalidad o en parte. Ninguna parte de este informe puede ser reproducida o retransmitida de ninguna forma sin el permiso escrito, expreso y firmado del autor.

TABLA DE CONTENIDO

TABLA DE CONTENIDO 3

INTRODUCCIÓN 7

MEZCLAS DE HIERBAS 9

   1. Mezcla sin sal 10
   2. Condimento italiano 12
   3. Mezcla de jardín 14
   4. Hierbas avícolas 16
   5. Pescado Hierbas 18
   6. Frote de pollo picante 20
   7. Mezcla de especias para pastel de calabaza 22
   8. Coctelera de especias para el desayuno 24
   9. Polvo de curry 26
   10. Mezcla de fajitas 28
   11. Marisco Especias 30
   12. Ramo De Pollo 32
   13. Ramo De Ternera 34
   14. Ramo De Pescado 36

JUGOS Y BATIDOS DE HIERBAS 38

   15. Batido de fresas y macadamia 39
   16. Batido de bayas de goji y piñones 41
   17. Batido de refuerzo de grosella negra 43
   18. Batido de guindas y cacao crudo 45
   19. Batido de almendras y rosas 47
   20. Batido de pistacho y aguacate 49
   21. Batido de maca y mango 51
   22. Batido de ciruela e hinojo 53
   23. Batido de bayas energéticas 55

24. El deleite de los excursionistas de principios de otoño 58
25. Jugo de verduras de la huerta 60
26. Jugo de pimiento rojo y semillas germinadas 63
27. Jugo de jengibre e hinojo 65
28. Jugo de brotes de hinojo y brócoli 67
29. Jugo de hojas de alforfón y brotes de guisantes 69
30. Salsa de tomate 71
31. Jugo de hoja de alcachofa e hinojo 74
32. Jugo de hojas de girasol y pasto de trigo 76

TÉS DE HIERBAS 78

33. Bálsamo de limón y té de rosas 79
34. Té de jazmín y limoncillo 81
35. Té de bayas de goji y damiana 83
36. Té de rosa mosqueta y arándano 85
37. Té de crisantemo y flor de saúco 87
38. Té de manzanilla e hinojo 89
39. Té de diente de león y bardana 91
40. Té de milenrama y caléndula 93
41. Té de escutelaria y azahar 95
42. Té de moras y fresas silvestres 97
43. Infusión de menta y caléndula 99
44. Té de flor de espino y lavanda 101
45. Té de ortiga y cuchillas 103
46. Té de gordolobo y malvavisco 105
47. Té de cola de caballo y maíz 107
48. Té helado de hierbas con frutas 109
49. Té de hierbas de frambuesa 113
50. Té de cardamomo 115
51. Té de sasafrás 117
52. Té de moringa 119

53.	Té de salvia	122

CORDIALS Y JARABES 124

54.	Cordial de zarzamora y lima	125
55.	Cordial de saúco y flor de saúco	127
56.	Dulce miel de violeta y jengibre	130
57.	Puré de melisa y miel	133
58.	Jarabe de rosa mosqueta	135
59.	Sirope de gordolobo y anís	137
60.	Jarabe de pétalos de rosa	139
61.	Jarabe de cereza agria	141
62.	Jarabe de equinácea y tomillo	143

TINTURAS DE HIERBAS 146

63.	Tintura de menta y tomillo	147
64.	Tintura de saúco y regaliz	149
65.	Tintura de flor de lima y bayas de espino	152
66.	Tintura de pasiflora y manzanilla	155
67.	Tintura de baya casta y dang gui	158
68.	Tintura de bayas de goji y ginseng siberiano	161
69.	Tintura de trébol rojo y cuchillas	164
70.	Tintura de guardia de invierno de equinácea y saúco	167
71.	Tintura de diente de león y bardana	170
72.	Crampbark y tintura de valeriana	173
73.	Tintura de cohosh negro y salvia	176
74.	Tintura de hoja de abedul y raíz de ortiga	179

ALIMENTOS HERBALES 182

75.	Pollo a las hierbas desmenuzado	183
76.	Crema de pollo con hierbas	186
77.	Pavo glaseado Dijon con albaricoque	188
78.	Pollo y arroz en salsa de hierbas	191

79.	POLLO A LA NATA Y HIERBAS	194
80.	POLLO MADEIRA SOBRE GALLETAS	197
81.	SOPA DE POLLO CON HIERBAS	200
82.	POLLO AL VINO Y HIERBAS	203
83.	RAVIOLIS DE HIERBAS	205
84.	LINGUINI CON HIERBAS MIXTAS	208
85.	FARFALLE CON SALSA DE HIERBAS	211
86.	FIDEOS DE HUEVO CON AJO	213
87.	CAPPELINI CON ESPINACAS A LAS FINAS HIERBAS	215
88.	ARROZ HERBAL DE MALASIA	218
89.	CABELLO DE ÁNGEL CON SALMÓN AHUMADO	221
90.	BACALAO A LAS FINAS HIERBAS	224
91.	SALMÓN ESCALFADO FRÍO	227
92.	FILETES DE HIERBA DE ENELDO	229
93.	CRUJIENTE DE PESCADO AL HORNO Y HIERBAS	231
94.	FETUCCINI CON GAMBAS	233
95.	MEJILLONES AL AJILLO	235
96.	PESCADO CARIBEÑO AL VINO	238
97.	RAPE AL AJILLO	241
98.	CHULETAS DE CERDO A LAS HIERBAS	243
99.	SALCHICHA DE HIERBAS DEL MONASTERIO	246
100.	FILETE DE CORDERO A LAS FINAS HIERBAS	248

CONCLUSIÓN 250

INTRODUCCIÓN

No hay una regla general sobre cuántas hierbas usar. La mayoría de las recetas especifican una cantidad en la lista de ingredientes. Si no tiene una receta para seguir, comience con $\frac{1}{4}$ de cucharadita y agregue más según sea necesario para alcanzar su sabor ideal. No querrás que las hierbas dominen los otros sabores del plato.

Las hierbas secas son más fuertes que las hierbas frescas, por lo que necesitará usar más hierbas frescas. Si la receta requiere 1 cucharadita de hierbas secas trituradas o $\frac{1}{4}$ de cucharadita de hierbas en polvo, use 3 cucharaditas (1 cucharada) de hierbas frescas. Las siguientes mezclas de hierbas secas son excelentes para probar con cualquier plato. Recuerde ajustar la cantidad cuando use hierbas frescas.

hierbas comunes

A. **Albahaca**-Productos de tomate (jugo, salsas para pasta, salsa para pizza), huevos, carnes de caza, cordero, ternera, arroz, espaguetis, vinagreta, sopas (minestrone, guisante, patata y verduras), frijoles, berenjena

B. **Tomillo**-Huevos, carnes de caza, cordero, ternera, arroz, aves, salsa barbacoa, pescado, ostras, sopas, sopas (cebolla, tomate y verduras), champiñones, tomates

C. **Romero** -Albóndigas, huevos, carnes de caza, cordero, ternera, aves, pescado, salsa barbacoa, pollo, ternera, sopas (guisantes y verduras), judías, champiñones, patatas, coliflor, nabos

D. **Orégano**-Platos de tomate, ternera, carnes de caza, ternera, espaguetis, almejas, sopas (judías, minestrone y tomate), alubias, berenjenas y champiñones

E. **Eneldo**-Platos de tomate, panes de levadura, huevos, ensalada de col, ensalada de papa, pescado, frijoles, coles de Bruselas, coliflor, pepino, calabaza de verano

F. **Perejil**-Ensaladas, verduras, pastas

G. **Sabio**-Requesón, carnes de caza, cerdo, arroz, aves, sopas (pollo, minestrone y vegetales), rellenos

H. **cilantro**—Cocina mexicana y asiática, arroz, salsa, tomates

I. **Menta**-Postres, cordero, guisantes, macedonias, salsas

MEZCLAS DE HIERBAS

1. Mezcla sin sal

hace sobre ⅓ taza

Ingredientes

- 1 cucharada de mostaza en polvo
- 2 cucharaditas de perejil
- 2 cucharaditas de cebolla en polvo
- 2 cucharaditas de tomillo
- 1 cucharada de ajo en polvo
- 2 cucharaditas de eneldo
- 2 cucharaditas de ajedrea
- 2 cucharaditas de pimentón
- 2 cucharaditas de cáscara de limón

Direcciones

a) Combinar y almacenar en un recipiente hermético.

b) Cuando esté listo para usar, mezcle una pequeña cantidad con agua para formar una pasta.

2. Condimento italiano

hace alrededor de 1½ tazas

Ingredientes

- ½ taza de orégano seco
- ½ taza de albahaca seca
- ½ taza de romero seco
- ¼ taza de perejil seco
- ½ taza de tomillo seco
- 1 cucharada de semillas de hinojo, trituradas
- ¼ taza de mejorana seca
- 2 cucharadas de salvia seca
- ¼ taza de orégano seco
- 1 cucharada de hojuelas de pimiento rojo picante
- ¼ taza de ajedrea seca

Direcciones

a) Combinar y almacenar en un recipiente hermético.

b) Cuando esté listo para usar, mezcle una pequeña cantidad con agua para formar una pasta.

3. Mezcla de jardín

hace alrededor de 1¼ taza

Ingredientes

- 2 cucharadas de hojas secas de lavanda
- 2 cucharadas de semillas o tallos de hinojo secos
- 3 cucharadas de perejil seco
- 3 cucharadas de albahaca seca
- 3 cucharadas de tomillo seco
- 3 cucharadas de mejorana seca
- 3 cucharadas de romero seco
- 3 cucharadas de cebollín seco
- 3 cucharadas de pimentón
- ½ cucharadita de ajo en polvo

Direcciones

a) Combinar y almacenar en un recipiente hermético.

b) Cuando esté listo para usar, mezcle una pequeña cantidad con agua para formar una pasta.

4. hierbas avícolas

hace sobre ⅓ taza

Ingredientes

- 2 cucharadas de estragón seco
- 1 cucharada de mejorana seca
- 1 cucharada de albahaca seca
- 1 cucharada de romero seco
- 1 cucharadita de pimentón
- 1 cucharadita de apio de monte seco

Direcciones

a) Combinar y almacenar en un recipiente hermético.

b) Cuando esté listo para usar, mezcle una pequeña cantidad con agua para formar una pasta.

5. Pescado Hierbas

hace alrededor de ½ taza

Ingredientes

- 3 cucharadas de eneldo seco
- 2 cucharadas de albahaca seca
- 1 cucharada de estragón seco
- 1 cucharada de tomillo limonero seco
- 1 cucharada de perejil seco
- 1 cucharada de perifollo seco
- 1 cucharada de cebollín seco

Direcciones

a) Combinar y almacenar en un recipiente hermético.

b) Cuando esté listo para usar, mezcle una pequeña cantidad con agua para formar una pasta.

6. Frote de pollo picante

Ingredientes

- 2 cucharaditas de chile en polvo
- 1 cucharadita de orégano molido
- 1 cucharadita de hojas de cilantro, secas y desmenuzadas
- 1/2 a 1 cucharadita de pimienta de cayena
- 1 cucharadita de ajo en polvo
- 1/2 cucharadita de pimienta negra recién molida
- 1/2 cucharadita de jengibre molido
- 1/2 cucharadita de comino molido

Direcciones

c) Combinar y almacenar en un recipiente hermético.

d) Cuando esté listo para usar, mezcle una pequeña cantidad con agua para formar una pasta.

7. Mezcla de especias para pastel de calabaza

Ingredientes

- 1/3 taza de canela
- 1 cucharada de jengibre molido
- 1 cucharada de nuez moscada o macis
- 1 1/2 cucharaditas de clavo molido
- 1 1/2 cucharaditas de pimienta de Jamaica

Direcciones

a) Combinar y almacenar en un recipiente hermético.

b) Agregue de 1 a 1 1/2 cucharaditas de esta mezcla al relleno de pastel de calabaza.

8. Coctelera de especias para el desayuno

Ingredientes

- 1 taza de azúcar
- 3 cucharadas de canela
- 1 cucharadita de nuez moscada o macis
- 1 cucharadita de cardamomo

Direcciones

a) Combinar y almacenar en un recipiente hermético.

b) Espolvorear sobre panqueques, tostadas o avena.

9. Polvo de curry

Ingredientes

- 4 cucharadas de cilantro molido
- 3 cucharadas de cúrcuma molida
- 2 cucharadas de comino molido
- 1 cucharada de pimienta negra recién molida
- 1 cucharada de jengibre molido
- 1 cucharadita de semillas de hinojo molidas
- 1 cucharadita de chile en polvo
- 1/2 cucharadita de pimienta de cayena

Direcciones

a) Combinar y almacenar en un recipiente hermético.

b) Añádalo a la ensalada de pollo o huevo o al arroz, o utilícelo para hacer curry de carne o verduras.

10. Mezcla de fajitas

Ingredientes

- 4 cucharadas de chile en polvo
- 2 cucharadas de comino molido
- 2 cucharaditas de orégano molido
- 2 cucharaditas de sal de ajo

Direcciones

a) Combinar y almacenar en un recipiente hermético.

b) Espolvorea la carne de fajita o revuélvela en el pastel de carne o en las hamburguesas para darle un toque picante.

11.   Marisco Especias

Ingredientes

- 2 cucharadas de pimienta de Jamaica
- 2 cucharadas de sal de apio
- 2 cucharadas de mostaza molida
- 1 cucharada de jengibre molido
- 1 cucharada de pimentón
- 3/4 cucharadita de pimienta de cayena

Direcciones

a) Combinar y almacenar en un recipiente hermético.

b) Agréguelo a ensaladas y sopas de mariscos, o espolvoréelo sobre filetes de pescado.

12.   Ramo De Pollo

Ingredientes

- 1 hoja de laurel
- 1 cucharada de estragón
- 1 cucharada de perejil
- 1 cucharadita de romero
- 1 cucharadita de tomillo

Direcciones

a) Combinar y almacenar en un recipiente hermético.

13.   Ramo De Ternera

Ingredientes

- 1 cucharadita de granos de pimienta negra
- 2 dientes enteros
- 1 hoja de laurel rota
- 2 cucharaditas de tomillo
- 2 cucharaditas de mejorana
- 2 cucharaditas de ajedrea
- 1 cucharada de perejil
- 1/2 cucharadita de hojas de apio machacadas

Direcciones

a) Combinar y almacenar en un recipiente hermético.

14. Ramo De Pescado

Ingredientes

- 1 hoja de laurel
- 2 granos de pimienta negra
- 1 cucharadita de tomillo
- 1 cucharadita de hierba de hinojo
- 1 cucharadita de hojas de apio machacadas
- 1 cucharada de perejil

Direcciones

a) Combinar y almacenar en un recipiente hermético.

JUGOS Y BATIDOS DE HIERBAS

15.   Batido de fresas y macadamia

Hace 4 porciones

Ingredientes

- 1/2 vaina de vainilla
- 50 g (1 3/4 oz) de nueces de macadamia crudas
- pulpa de 1 coco joven mediano
- 250 g (9 oz) de fresas frescas
- un poco del jugo de coco (opcional)

Direcciones

a) Corta la vaina de vainilla con un cuchillo afilado, luego raspa las semillas.

b) Coloca las nueces y la pulpa de coco en una licuadora o procesador de alimentos.

c) Agregue las fresas y las semillas de vainilla. Pulse todos los ingredientes para dar una textura suave y sedosa. Si el batido parece muy espeso, agregue suficiente jugo de coco para darle una mejor textura. Vierta en 4 vasos y sirva.

16.   Batido de bayas de goji y piñones

Hace 2 porciones

Ingredientes

- 50 g (13/4 oz) de almendras
- 50 g (13/4 oz) de bayas de goji
- 20 g (3/4 oz) de piñones
- 1 cucharadita de aceite de linaza
- 2-3 hojas de menta fresca 350-400ml (12-14fl oz.) de agua mineral

Direcciones

a) Coloque todos los ingredientes en una licuadora o procesador de alimentos y mezcle con el agua mineral para darle una textura suave y sedosa.

b) Si la consistencia es demasiado espesa, agregue un poco más de agua y mezcle.

17. Batido de refuerzo de grosella negra

Hace 2 porciones

Ingredientes

- 50 g (13/4 oz) de grosellas negras frescas (o secas y remojadas primero)
- 50 g (13/4 oz) de cebada tostada
- 4 cucharaditas de sirope de agave
- 4 cucharaditas de aceite de coco
- 250 ml (9 onzas líquidas) de leche de arroz
- Un poco de agua mineral

Direcciones

a) Ponga todos los ingredientes excepto el agua mineral en una licuadora o procesador de alimentos y mezcle hasta que quede suave.

b) Agregue suficiente agua mineral para asegurarse de que el batido tenga una consistencia vertible.

18.   Batido de guindas y cacao crudo

Hace 2 porciones

Ingredientes

- 50 g (13/4 oz) de guindas, sin hueso si son frescas o secas
- 300ml (10fl oz.) de leche de arroz o de almendras 4 cucharaditas de cacao en polvo crudo o regular 4 cucharaditas de semillas de cáñamo, sin cáscara 4 cucharaditas de aceite de linaza

Direcciones

a) Si usa guindas secas, sumérjalas durante unas horas en 150 ml (5 onzas líquidas) de agua mineral.

b) Combine la mitad del arroz o la leche de almendras con el resto de los ingredientes en una licuadora o procesador de alimentos y mezcle hasta obtener una consistencia suave, sedosa y vertible. Agrega el resto de la leche por etapas hasta que la textura del batido sea de tu agrado.

19.   Batido de almendras y rosas

Hace 2 porciones

Ingredientes

- 50 g (13/4 oz) de almendras
- 300-400ml (10-14fl oz.) de agua mineral 21/2 cucharadas de jarabe de rosas
- 4 cucharaditas de aceite de almendras
- 1 gota de aceite esencial de attar de rosas (opcional)
- 8 pétalos de rosa de damasco (opcional)

Direcciones

a) Combine la mitad del agua mineral con el resto de los ingredientes en una licuadora o procesador de alimentos y mezcle hasta obtener una consistencia suave, sedosa y vertible.

b) Agrega el resto del agua por etapas hasta que la textura del batido sea de tu agrado.

20. Batido de pistacho y aguacate

Hace 2 porciones

Ingredientes

- 50 g (1 3/4 oz) de pistachos (más algunos para decorar)
- 1 aguacate pequeño, sin hueso, pelado y cortado en cuartos
- 1 cucharadita de aceite de semilla de cáñamo
- 2 cucharaditas de aceite de linaza
- jugo de 1/2 limón
- jugo fresco de 6 tallos de apio
- pimienta negra recién molida al gusto pizca de sal
- 3-4 hojas de albahaca fresca
- un poco de agua mineral

Direcciones

a) Ponga todos los ingredientes excepto el agua mineral en una licuadora o procesador de alimentos y mezcle hasta que quede suave. Agregue suficiente agua mineral para asegurarse de que el batido tenga una consistencia vertible.

b) Sirva en vasos, con una pizca de pistachos finamente picados encima de cada uno.

21.   Batido de maca y mango

Hace 2 porciones

Ingredientes

- 2 mangos maduros grandes
- 2 cucharaditas de raíz de maca en polvo
- 2 cucharaditas de semillas de cáñamo, sin cáscara
- 2 cucharaditas de aceite de coco
- jugo de 1 limon
- 4 hojas de menta fresca
- un poco de agua mineral (opcional)

Direcciones

a) Coloque todos los ingredientes en una licuadora o procesador de alimentos y mezcle hasta obtener una textura suave y sedosa.

b) Diluir con agua mineral como se desee, si es necesario.

22.   Batido de ciruela e hinojo

Hace 2 porciones

Ingredientes

- 9-10 ciruelas grandes de piel azul oscuro
- 1/2 cucharaditas de semillas de hinojo
- 2 cucharadas de semillas de lino, remojadas
- 2 cucharadas de semillas de cáñamo sin cáscara, remojadas

Direcciones

a) Guise las ciruelas primero: colóquelas en una cacerola con 250 ml (9 fl oz) de agua mineral, agregue las semillas de hinojo y deje hervir. Ponga la tapa y cocine a fuego lento durante 10-12 minutos. Dejar enfriar.

b) Transfiera a una licuadora o procesador de alimentos, agregue las semillas restantes (o los aceites, si los usa) y mezcle hasta obtener una consistencia suave.

23.   Batido de bayas energéticas

Hace 2 porciones

Ingredientes

- 2 cucharadas de frambuesas frescas
- 2 cucharadas de moras frescas
- 2 cucharadas de arándanos frescos
- 2 cucharadas de grosellas negras frescas
- 2 cucharaditas de polvo de bayas de acai
- 800ml infusión de citronela, fría
- un poco de agua mineral (opcional)
- un chorrito de sirope de arce o una pizca de stevia en polvo (opcional)

Direcciones

a) Coloque las bayas frescas y el polvo de acai berry en una licuadora o procesador de alimentos, agregue la infusión de limoncillo y mezcle hasta obtener una textura suave y sedosa.

b) Si es necesario, añade un poco de agua mineral para conseguir la consistencia que más te guste.

24. El deleite de los excursionistas de principios de otoño

Hace 2 porciones

Ingredientes

- 3 1/2 manzanas, peladas, sin corazón y picadas
- 1/3 pera pelada, sin corazón y picada
- 12 bayas de saúco maduras, enjuagadas, sin tallos
- 20 moras maduras, enjuagadas

Direcciones

a) Ponga todos los ingredientes en una licuadora o un procesador de alimentos y mezcle hasta que quede suave.

b) Divida entre dos vasos y cubra con jarabe de saúco y flor de saúco para mejorar el contenido antiviral del batido.

25.   Jugo de verduras de la huerta

Hace 2 porciones

Ingredientes

- 2 puñados de hojas de col rizada
- 2 hojas de acelgas
- 1 puñado grande de hojas de espinaca
- 1/2 pepino
- 1 calabacín verde pequeño
- 3 tallos de apio
- 2 hojas de diente de león (grandes)
- 2 tallos de mejorana fresca
- un chorrito de jugo de limón (opcional)

Direcciones

a) Lave y exprima todas las verduras y hierbas, y mezcle bien. Agregue el jugo de limón al gusto si lo desea o,

b) si prefiere un sabor a limón más potente, agregue un octavo de limón (preferiblemente orgánico) y mezcle bien hasta que se mezclen.

26. Jugo de pimiento rojo y semillas germinadas

Hace 2 porciones

Ingredientes

- 1 pimiento rojo, sin semillas y cortado en cuartos
- 20 g (3/4 oz) de semillas de alfalfa germinadas
- 20 g (3/4 oz) de semillas de trébol rojo germinadas
- 10 g (1/4 oz) de semillas de brócoli germinadas
- 1/2 pepino
- 2-3 hojas de menta fresca
- 1/2 chile rojo fresco pequeño, sin semillas

Direcciones

a) Exprime todos los ingredientes y mezcla bien.

27. Jugo de jengibre e hinojo

Hace 2 porciones

Ingredientes

- 1 bulbo de hinojo grande
- 1 cm (1/2 pulg.) de raíz de jengibre fresca en cubos, pelada
- 2 tallos de apio
- 1/2 pepino pequeño
- 1/2 calabacín verde pequeño
- 1 tallo de albahaca fresca

Direcciones

a) Exprima todos los ingredientes, mezcle bien y beba inmediatamente.

28.   Jugo de brotes de hinojo y brócoli

Hace 2 porciones

Ingredientes

- 1 bulbo de hinojo grande
- 45 g (1 1/2 oz) de semillas de brócoli germinadas
- 45 g (1 1/2 oz) de semillas de alfalfa germinadas
- 1 zanahoria grande
- 2 tallos de apio
- 2-3 hojas de menta fresca una pizca de jugo de limón

Direcciones

a) Exprime todos los ingredientes, agrega el jugo de limón al gusto y mezcla bien.

29. Jugo de hojas de alforfón y brotes de guisantes

Hace 2 porciones

Ingredientes

- 2 cucharadas de hojas de trigo sarraceno jóvenes, finamente picadas
- 4 cucharadas de brotes de guisantes frescos
- 2 calabacines
- 1 pepino
- 2 cucharadas de hojas de mejorana fresca
- un chorrito de jugo de limón
- 200 ml (7 onzas líquidas) de agua mineral

Direcciones

a) Exprime todos los ingredientes, agrega el agua mineral y el jugo de limón al gusto y mezcla bien.

30.   salsa de tomate

Hace 2 porciones

Ingredientes

- 5 tomates maduros
- 1/2 pepino
- 1 diente de ajo pequeño
- 1/2 chile rojo fresco, sin semillas
- 1 tallo de hojas de albahaca fresca
- 2 tallos de apio
- 1 cucharadita de aceite de oliva virgen
- sal al gusto
- 1 pimiento rojo, sin semillas

Direcciones

a) Exprime todas las verduras y hierbas, añade el aceite de oliva, sazona al gusto con un poco de sal si lo deseas y mezcla bien.

b) Si prefiere su jugo rojo, agregue 1 pimiento rojo sin semillas a las verduras y hierbas cuando las haga.

31.   Jugo de hoja de alcachofa e hinojo

Hace 2 porciones

Ingredientes

- 1 cucharadita de hojas de alcachofa, finamente picadas
- 1 bulbo de hinojo mediano
- 4 hojas frescas de diente de león
- 4 tallos de apio
- 1/2 calabacín

Direcciones

a) Exprima todos los ingredientes, mezcle bien y beba.

b) Si encuentra el jugo demasiado amargo, dilúyalo con un poco de agua mineral hasta que tenga un sabor apetecible.

32.   Jugo de hojas de girasol y pasto de trigo

Hace 2 porciones

Ingredientes

- 100 g (3 1/2 oz) de hojas de girasol
- 100 g (3 1/2 oz) de hojas de pasto de trigo
- 300ml (10fl oz.) o más de agua mineral

Direcciones

a) Haga jugo con las hojas de girasol y el pasto de trigo, mezcle bien y agregue suficiente agua mineral para diluir el sabor del jugo y darle un sabor apetecible.

TÉS DE HIERBAS

33.   Bálsamo de limón y té de rosas

Hace 2-3 porciones

Ingredientes

- 16 hojas de melisa fresca (también se pueden utilizar las sumidades floridas blandas), o 1 cucharada de melisa seca
- 2 cabezas de rosa sin pétalos, o 2 cucharadas de pétalos de rosa secos

Direcciones

a) Ponga las hojas frescas de toronjil y los pétalos de rosa en una tetera grande. Si usa bálsamo de limón seco y pétalos de rosa, colóquelos en la tetera.

b) Hierva 500 ml (16 onzas líquidas) de agua, déjela enfriar durante 5 minutos y luego viértala en la tetera. Dejar en infusión durante 5 minutos y luego servir. Se puede agregar más agua más tarde si es necesario para volver a infundir las hojas y los pétalos de rosa.

34.   Té de jazmín y limoncillo

Hace 2 porciones

Ingredientes

- 1 tallo de limoncillo, picado
- 1 cucharada de flores de jazmín
- un chorrito de jugo de lima

Direcciones

a) Coloque la hierba de limón picada en una tetera y agregue las flores de jazmín.

b) Diluya 200ml (7fl oz.) de agua hervida con 100ml (3/2fl oz.) de agua fría para que la temperatura del agua caliente sea de aproximadamente 70°C (158°F).

c) Vierta el agua en la tetera, deje que se desarrolle el aroma y sirva. Cuando hace calor, este té se puede servir frío.

35. Té de bayas de goji y damiana

Hace 2 porciones

Ingredientes

- 1 cucharada de bayas de goji, frescas o secas
- 1 cucharadita de damiana (Turnera diffusa)
- 1/2 cucharaditas de polvo de raíz de regaliz

Direcciones

a) Coloque todos los ingredientes en una tetera, cubra con 300 ml (10 fl oz) de agua hirviendo, deje reposar durante 10 a 15 minutos y luego sirva. La infusión también se puede dejar enfriar y servir como bebida fría.

36.   Té de rosa mosqueta y arándano

Hace 2 porciones

Ingredientes

- 1 cucharada de conchas de rosa mosqueta, frescas o secas
- 1 cucharada de arándanos, frescos o secos
- 1 cucharadita de cáscara de naranja
- 1 cucharadita de bayas de goji, frescas o secas

Direcciones

a) Coloque todos los ingredientes en una tetera y cubra con 300 ml (10 fl oz) de agua hirviendo.

b) Deje en infusión durante 10-15 minutos, cuele y sirva.

37. Té de crisantemo y flor de saúco

Hace 2 porciones

Ingredientes

- 1/2 cucharadas de flores de crisantemo
- 1/2 cucharadas de flores de saúco
- 1/2 cucharadas de menta
- 1/2 cucharadas de hojas de ortiga

Direcciones

a) Coloque todos los ingredientes en una tetera, cubra con 300 ml (10 fl oz) de agua hirviendo, deje infundir y sirva.

b) Beba de 3 a 4 tazas al día durante la temporada de fiebre del heno.

38. Té de manzanilla e hinojo

Hace 3 porciones

Ingredientes

- 1 cucharadita de flores de manzanilla
- 1 cucharadita de semillas de hinojo
- 1 cucharadita de reina de los prados
- 1 cucharadita de raíz de malvavisco, finamente picada
- 1 cucharadita de milenrama

Direcciones

a) Ponga las hierbas en una tetera grande.

b) Hervir 500 ml (16 fl oz) de agua hirviendo y agregar a la tetera. Dejar en infusión durante 5 minutos y servir.

c) Beba 1 taza de la infusión 2 o 3 veces al día.

39.   Té de diente de león y bardana

Hace 3-4 porciones

Ingredientes

- 1 cucharadita de hojas de diente de león
- 1 cucharadita de hojas de bardana
- 1 cucharadita de hierba de cuchillas
- 1 cucharadita de flores de trébol rojo

Direcciones

a) Coloque todos los ingredientes en una tetera, vierta 500 ml (16 fl oz) de agua hirviendo, deje reposar durante 10 a 15 minutos y sirva. Beber caliente o frío durante el día.

40. Té de milenrama y caléndula

Hace 3-4 porciones

Ingredientes

- 1 cucharadita de milenrama
- 1 cucharadita de flores de caléndula
- 1 cucharadita de manto de dama
- 1 cucharadita de verbena
- 1 cucharadita de hoja de frambuesa

Direcciones

a) Coloque todos los ingredientes en una tetera, vierta 500 ml (16 fl oz) de agua hirviendo, deje reposar durante 10 a 15 minutos y sirva. Beber caliente o frío durante el día.

b) Tome de 2 a 4 tazas con el inicio del dolor y vuelva a evaluar con su profesional de la salud si el dolor persiste.

41.   Té de escutelaria y azahar

Hace 3-4 porciones

Ingredientes

- 1 cucharadita de casquete
- 1 cucharadita de flores de naranja
- 1 cucharadita de hierba de San Juan
- 1 cucharadita de betonia de madera
- 1 cucharadita de bálsamo de limón

Direcciones

a) Coloque todos los ingredientes en una tetera, vierta 500 ml (16 fl oz) de agua hirviendo, deje reposar durante 10 a 15 minutos y sirva.

b) Beber caliente o frío durante el día.

42.   Té de moras y fresas silvestres

Hace 3-4 porciones

Ingredientes

- 2 cucharaditas de hojas de mora
- 1 cucharadita de hojas de fresa silvestre
- 1 cucharadita de hojas de frambuesa
- 1 cucharadita de hojas de grosella negra

Direcciones

a) Coloque todos los ingredientes en una tetera, vierta 500 ml (16 fl oz) de agua hirviendo, deje reposar durante 10 a 15 minutos y sirva.

b) Beber caliente o frío durante el día.

43.   Infusión de menta y caléndula

Hace 4 porciones

Ingredientes

- 1 cucharadita de hojas de menta
- 1 cucharadita de flores de caléndula
- 1 cucharadita de agripalma
- 1 cucharadita de verbena
- sirope de pétalos de rosa para endulzar

Direcciones

a) Pon todas las hierbas en una tetera grande.

b) Hervir 600 ml (1 pinta) de agua hirviendo y verter sobre las hierbas. Deje en infusión durante 20 minutos, luego cuele el líquido a través de un colador de té en una jarra limpia. Beba 1 taza de la infusión 2 o 3 veces al día, ya sea caliente o a temperatura ambiente.

44. Té de flor de espino y lavanda

Hace 3-4 porciones

Ingredientes

- 1 cucharadita de flores de espino
- 1 cucharadita de lavanda
- 1 cucharadita de capullos de rosa
- 1 cucharadita de flores de naranja
- 1 cucharadita de jazmín

Direcciones

a) Coloque todos los ingredientes en una tetera, vierta 500 ml (16 fl oz) de agua hirviendo, deje reposar durante 10 a 15 minutos y sirva.

b) Beber caliente o frío durante todo el día.

45. Té de ortiga y cuchillas

Hace 2 porciones

Ingredientes

- 2 cucharaditas de hojas de ortiga
- 2 cucharaditas de cuchillas

Direcciones

a) Coloque los ingredientes en una tetera, vierta 300 ml (10 fl oz) de agua hirviendo, deje reposar durante 10 a 15 minutos y sirva.

b) Beber caliente o frío durante todo el día.

46.   Té de gordolobo y malvavisco

Hace 2 porciones

Ingredientes

- 1 cucharadita de hojas de gordolobo
- 1 cucharadita de hojas de malvavisco
- 1 cucharadita de plátano macho menor

Direcciones

a) Coloque todos los ingredientes en una tetera, vierta 300 ml (10 fl oz) de agua hirviendo, deje reposar durante 10 a 15 minutos y sirva.

b) Beber caliente o frío durante todo el día.

47. Té de cola de caballo y maíz

Hace 5-6 porciones

Ingredientes

- 2 cucharaditas de cola de caballo
- 2 cucharaditas de seda de maíz
- 2 cucharaditas de hojas de diente de león
- 2 cucharaditas de cuchillas
- 2 cucharaditas de hojas de plátano macho menor

Direcciones

a) Coloque todos los ingredientes en una tetera, vierta 600 ml (1 pinta) de agua hirviendo, deje en infusión durante 10 a 15 minutos y sirva.

b) Beber caliente o frío durante todo el día.

48. Té helado de hierbas con frutas

Rendimiento: 1 porción

Ingrediente

- 1 bolsita de té Tazo Pasión
- 1 cuarto de agua
- 2 tazas de jugo de naranja fresco
- rueda naranja
- Hojas de menta

Direcciones:

a) Coloque la bolsita de té en 1 cuarto de galón de agua hirviendo y deje reposar durante 5 minutos.

b) Retire la bolsita de té. Vierta el té en una jarra de 1 galón llena de hielo. Una vez que el hielo se derrita, llene el espacio restante en la jarra con agua.

c) Llene una coctelera con la mitad de té preparado y la mitad de jugo de naranja. Agitar bien y colar en un vaso de vaso lleno de hielo. Decorar con rodaja de naranja y hojas de menta.

Rendimiento: 1 porción

Ingrediente

- Bolsa de tilo flores secas
- Agua hirviendo

Direcciones:

a) Simplemente ponga flores secas, un puñado pequeño por tetera promedio, en la tetera. Vierta el agua hirviendo y revuelva bien. Atender.

b) No deje reposar por más de cuatro minutos ya que se perderá el sabor.

49.   Té de hierbas de frambuesa

Rendimiento: 8 porciones

Ingrediente

- 2 bolsitas de té de frambuesa tamaño familiar
- 2 bolsitas de té de mora
- 2 bolsitas de té de grosella negra
- 1 botella de sidra de manzana espumosa
- $\frac{1}{2}$ taza de jugo concentrado
- $\frac{1}{2}$ taza de jugo de naranja
- $\frac{1}{2}$ taza de azúcar

Direcciones:

a) Coloque todos los ingredientes en una jarra grande. Enfriar. Servimos el nuestro con cubitos de hielo con frutas.

b) Reservamos suficientes jugos para llenar una cubitera y colocamos rodajas de fresas y arándanos en cada cubo.

50.   Té de cardamomo

Rendimiento: 1 porción

Ingrediente

- 15 Agua de Semillas de Cardamomo
- ½ taza de leche
- 2 gotas de Vainilla (hasta 3 gotas)
- Cariño

Direcciones:

a) Para la indigestión, mezcle 15 semillas pulverizadas en ½ taza de agua caliente. Agregue 1 onza de raíz de jengibre fresca y un palito de canela.

b) Cocine a fuego lento 15 minutos a fuego lento. Agregue ½ taza de leche y cocine a fuego lento 10 minutos más. Agrega de 2 a 3 gotas de vainilla. Endulzar con miel. Beber de 1 a 2 tazas al día.

51. Té de sasafrás

RACIONES: 10

Ingredientes

- 4 raíces de sasafrás
- 2 cuartos de agua
- azúcar o miel

Direcciones:

a) Lave las raíces y corte los retoños donde están verdes y donde termina la raíz.

b) Lleve el agua a ebullición y agregue las raíces.

c) Cocine a fuego lento hasta que el agua tenga un color rojo parduzco intenso (cuanto más oscuro, más fuerte; me gusta el mío fuerte).

d) Cuele en una jarra a través de alambre y un filtro de café si no desea ningún sedimento.

e) Añadir miel o azúcar al gusto.

f) Servir frío o caliente con limón y una ramita de menta.

52.   Té de moringa

Porciones: 2

Ingredientes

- 800 ml de agua
- 5-6 hojas de menta - rotas
- 1 cucharadita de semillas de comino
- 2 cucharaditas de polvo de moringa
- 1 cucharada de jugo de lima/limón
- 1 cucharadita de Miel Orgánica como edulcorante

Direcciones:

a) Pon a hervir 4 tazas de agua.

b) Agregue 5-6 hojas de menta y 1 cucharadita de semillas de comino / jeera.

c) Deja hervir hasta que el agua se reduzca a la mitad de la cantidad.

d) Cuando el agua se reduzca a la mitad, agregue 2 cucharaditas de polvo de Moringa.

e) Regula el fuego a alto, cuando empiece a hacer espuma y suba, apaga el fuego.

f) Cubra con una tapa y déjelo reposar durante 4-5 minutos.

g) Después de 5 minutos, cuele el té en una taza.

h) Agregue miel orgánica al gusto y exprima el jugo de limón fresco.

53.　　Té de salvia

Ingredientes

- 6 hojas de salvia frescas, dejadas en el tallo
- Agua hirviendo
- Miel (o sirope de agave para veganos)
- 1 rodaja de limón

Direcciones

a) Llevar el agua a ebullición.

b) Lava bien la salvia.

c) Coloque la salvia en una taza y vierta sobre el agua hirviendo. Permita que las hierbas reposen durante 5 minutos.

d) Retire la salvia. Agregue una llovizna de miel y unas gotas de limón.

CORDIALS Y JARABES

54. Cordial de zarzamora y lima

Rinde 500 ml (16 onzas líquidas)

Ingredientes

- 1 kg (2 1/4 lb) de jugo de moras frescas de 4 limas
- 350 g (12 oz) de azúcar en polvo

Direcciones

a) A fuego lento, cocine a fuego lento las moras y el jugo de lima en 600 ml (1 pinta) de agua en una cacerola durante aproximadamente 15 minutos.

b) Dejar enfriar durante unos 10 minutos, luego pasar la mezcla por un colador y desechar la pulpa y las pepitas. Vierta el jugo colado en una cacerola limpia y agregue el azúcar. Revuelva a fuego lento hasta que el azúcar se haya disuelto, y luego cocine a fuego lento durante unos 5 minutos hasta que la mezcla esté espesa.

c) Vierta en botellas esterilizadas, selle, refrigere y use dentro de unos días. Diluya al gusto con agua mineral sin gas o con gas y menta fresca o rodajas de lima para hacer una bebida refrescante.

55. Cordial de saúco y flor de saúco

Rinde 500 ml (16 onzas líquidas)

Ingredientes

- 50 g (13/4 oz) de flores de saúco frescas o secas
- 100 g (31/2 oz) de bayas de saúco
- 1 rama de canela pequeña
- 1 cucharadita de anis
- 1 cucharada de raíz de jengibre fresco, rallado
- 400 g (14 onzas) de azúcar
- jugo de 1/2 limón

Direcciones

a) Coloque todos los ingredientes excepto el azúcar y el jugo de limón en una cacerola, agregue 1 litro (13/4 pintas) de agua, cubra y cocine a fuego lento durante 25 a 30 minutos.

b) Cuele el líquido en un frasco de medición. Decantar 600 ml (1 pinta) en una cacerola y añadir el azúcar. (Cualquier líquido adicional se puede beber como té).

c) Revuelva suavemente a fuego lento para disolver el azúcar. Cuando todo el azúcar se haya disuelto, agregue el jugo de limón y cocine a fuego lento durante otros 10 a 15 minutos sin la tapa. Luego llévelo a ebullición durante 2-3 minutos y retírelo del fuego.

d) Verter en una botella de vidrio esterilizada mientras aún está caliente, sellar, etiquetar con una lista de ingredientes y fechar. Mantenga refrigerado y use dentro de 3 a 4 semanas.

e) Agregue una cucharada de cordial a una taza de agua fría o caliente, o rocíe panqueques o cereales para el desayuno.

56.   Dulce miel de violeta y jengibre

Rinde 400-500 g (14 oz-1 lb 2 oz)

Ingredientes

- 20 g (3/4 oz) de hojas y flores de violeta frescas (o use viola o heartsease, si no está disponible)
- 30 g (1 oz) de raíz de jengibre fresca
- 20 g (3/4 oz) de hojas frescas de plátano
- 30 g (1 oz) de hojas frescas de houttuynia
- 500 g (1 lb 2 oz) de miel líquida

Direcciones

a) Coseche con cuidado las hojas y flores frescas y lávelas y séquelas al aire.

b) Picarlos finamente, colocarlos en un frasco limpio y cubrir completamente con miel líquida. Mezcle bien para asegurarse de que todas las hierbas estén bien cubiertas. Agregue miel adicional si es necesario.

c) Deje en un lugar cálido, como un armario de aireación, durante 5 días. Luego cuele la miel a través de una tela de muselina limpia y decántela en un frasco esterilizado más pequeño.

d) Desechar las hierbas coladas. 4 Selle el frasco, etiquete con una lista de todos los ingredientes y la fecha.

57.   Puré de melisa y miel

Rinde 125 g (41/2 oz)

Ingredientes

- 20 g (3/4 oz) de hojas frescas de toronjil
- 100 g (31/2 oz) de miel líquida
- Jugo de 1/2 limón

Direcciones

a) Coloque las hojas en una licuadora o procesador de alimentos, agregue la miel y el jugo de limón, y mezcle hasta obtener un puré verde suave. 2 Diluir con agua y beber.

b) El puré durará una semana o dos, si se mantiene refrigerado.

58. Jarabe de rosa mosqueta

Rinde 700ml (1 1/4 pintas)

Ingredientes

- 500 g (1 lb 2 oz) de rosa mosqueta fresca
- 400 g (14 onzas) de azúcar

Direcciones

a) Corta la fruta por la mitad y saca las semillas y los pelos con una cuchara pequeña. Lave las mitades limpias con agua corriente para eliminar aún más los pequeños pelos de la fruta.

b) Coloque la fruta en una cacerola, agregue 600 ml (1 pinta) de agua y cocine a fuego lento, sin tapar, a fuego lento durante 20 a 30 minutos hasta que la fruta esté blanda y el agua se haya reducido ligeramente.

c) Cuele la mezcla y decante el líquido en una cacerola limpia. Deseche la fruta. Agregue el azúcar al líquido colado y deje que se disuelva a fuego lento, revolviendo constantemente.

d) Una vez que todo el azúcar se haya disuelto, aumente el fuego y hierva durante 2-3 minutos. Decantar el jarabe en una botella esterilizada.

59. Sirope de gordolobo y anís

Rinde 200 ml (7 onzas líquidas)

Ingredientes

- 4 cucharaditas de tintura de hoja de gordolobo
- 4 cucharaditas de tintura de raíz de malvavisco
- 1 cucharada de tintura de anis
- 1 cucharada de tintura de tomillo
- 4 cucharaditas de tintura de plátano
- 2 cucharaditas de tintura de raíz de regaliz 100ml (3 1/2 fl oz.) de miel de manuka

Direcciones

a) Mezcle las tinturas y la miel, mezcle bien y vierta en una botella de vidrio marrón esterilizada. Sella, etiqueta con todos los ingredientes y fecha.

b) Se mantendrá durante 3-4 meses.

60. Jarabe de pétalos de rosa

Rinde aproximadamente 500ml (16fl oz.)

Ingredientes

- 225 g (8 oz) de azúcar granulada jugo de 1 limón, colado jugo de 1 naranja, colado
- 100 g (31/2 oz) de pétalos de rosa secos o
- 10 cabezas de rosas frescas

Direcciones

a) Disuelva el azúcar en 300 ml (10 fl oz) de agua en una cacerola pequeña a fuego lento y no deje que hierva, ya que esto enturbiará la mezcla. Agregue los jugos de limón y naranja colados, baje el fuego y cocine a fuego lento durante 5 minutos.

b) Durante los próximos 15 minutos, agregue los pétalos de rosa, una cucharada a la vez, y revuelva bien antes de agregar más. Retirar del fuego, dejar enfriar y colar. Vierta en una botella de vidrio esterilizada, selle y etiquete. Mantenga refrigerado y use dentro de 6 semanas.

61. Jarabe de cereza agria

hace 1 pinta

Ingredientes

- 400ml (14fl oz.) de jugo de cereza agria, recién exprimido
- 250 g (9 onzas) de azúcar

Direcciones

a) Vierta el jugo en una cacerola, agregue el azúcar y caliente suavemente. Disuelva el azúcar en el jugo, revolviendo constantemente, luego cocine a fuego lento durante 20 minutos.

b) Cuele el jarabe y embotelle en una botella de vidrio esterilizada con una tapa que cierre bien. Mantenga refrigerado y use dentro de unas pocas semanas.

c) Beber diluido con agua mineral fría o caliente.

62.   Jarabe de equinácea y tomillo

Rinde 500 ml (16 onzas líquidas)

Ingredientes

- 20 g (¾ oz) de tomillo fresco
- 20 g (¾ oz) de hojas frescas de llantén menor
- 20 g (¾ oz) de raíz, tallo y hojas verdes de equinácea fresca
- 10 g (1/4 oz) de raíz de jengibre fresca, rallada
- 10 g (1/4 oz) de ajo fresco, sin piel y triturado
- 10 g (1/4 oz) de raíz de helenio fresca
- 1 chile rojo fresco entero, finamente picado
- 400ml (14fl oz.) de vodka de buena calidad
- 100 g (31/2 oz) de miel de manuka

Direcciones

a) Lave todos los ingredientes de hierbas una vez que hayan sido cosechados y déjelos secar. Luego pícalos finamente.

b) Coloca todos los ingredientes excepto la miel y el vodka en un frasco grande de vidrio con tapa. Vierta el vodka, cierre bien la tapa y agite varias veces. Etiqueta el frasco con los ingredientes y la fecha. Coloque el frasco en un armario oscuro y agítelo al menos una vez al día durante 3 semanas.

c) Cuele el contenido del frasco a través de la bolsa de muselina en una jarra medidora. Decantar la miel de manuka en un tazón y verter suavemente la tintura, revolviendo continuamente con un batidor hasta que la miel y la tintura estén bien mezcladas. Vierta el jarabe en una botella de vidrio ámbar de 500 ml (16 fl oz) con tapa y etiquete con los ingredientes y la fecha de inicio original.

d) Tome 1 cucharadita 2 o 3 veces al día, o hasta 6 cucharaditas al día al comienzo de un resfriado. Este jarabe debe durar hasta 9 meses.

TINTURAS DE HIERBAS

63.   Tintura de menta y tomillo

Rinde 500 ml (16 onzas líquidas)

Direcciones

a) Coloca todos los ingredientes excepto el vodka en un frasco grande.

b) Cubra con el vodka, revuelva y asegúrese de que todos los ingredientes estén bien sumergidos. Cierra bien el frasco y colócalo en un armario oscuro. Agite bien el frasco todos los días durante 3 semanas.

c) Abra el frasco y cuele los ingredientes a través de un colador forrado de muselina en un recipiente poco profundo. Deseche los ingredientes de la muselina y vierta el líquido en una botella de vidrio ámbar. Etiquete la botella de tintura con los nombres de todos los ingredientes y la fecha. Tome 1 cucharadita en un vaso de agua tibia o fría y tome un sorbo antes o después de las comidas.

64.   Tintura de saúco y regaliz

Rinde 300-350 ml (10-12 onzas líquidas)

Ingredientes

- 25 g (escasos 1 oz) de bayas de saúco
- 25 g (escasos 1 oz) de raíz de equinácea
- 10 g (1/4 oz) de raíz de regaliz
- 10 g (1/4 oz) de raíz de jengibre fresca, rallada
- 10 g (1/4 oz) de rama de canela, partida en trozos pequeños
- 20 g (3/4 oz) de menta
- 400ml (14fl oz.) de vodka de buena calidad

Direcciones

a) Asegúrese de que todos los ingredientes secos estén finamente picados, pero no en polvo.

b) Coloque todos los ingredientes, excepto el vodka, en un frasco de vidrio grande con una tapa que cierre bien. Vierta el vodka, cierre bien la tapa y agite varias veces.

c) Etiquete el frasco con todos los ingredientes y la fecha. Coloque el frasco en un armario oscuro y agítelo al menos una vez al día durante 3 semanas.

d) Cuele el contenido del frasco a través de una bolsa de muselina en una jarra medidora y vierta la tintura en una botella de vidrio ámbar esterilizada del tamaño adecuado (350-400 ml/12-14 fl oz).

e) Sella la botella.

f) Etiqueta con todos los ingredientes y la fecha de inicio original. Comience tomando unas gotas todos los días y aumente hasta 1 cucharadita 2 o 3 veces al día. Usar dentro de los 6 meses.

65. Tintura de flor de lima y bayas de espino

Rinde 300-350 ml (10-12 onzas líquidas)

Ingredientes

- 20 g (3/4 oz) de flores de lima
- 20 g (3/4 oz) de bayas de espino
- 20 g (3/4 oz) de milenrama
- 20 g (3/4 oz) de bálsamo de limón
- 20 g (3/4 oz) de corteza de calamar
- 400ml (14fl oz.) de vodka de buena calidad

Direcciones

a) Asegúrese de que todos los ingredientes secos estén finamente picados, pero no en polvo.

b) Coloque todos los ingredientes, excepto el vodka, en un frasco de vidrio grande con una tapa que cierre bien. Vierta el vodka, cierre bien la tapa y agite varias veces.

c) Etiquete el frasco con todos los ingredientes y la fecha. Coloque el frasco en un armario oscuro y agítelo al menos una vez al día durante 3 semanas.

d) Cuele el contenido del frasco a través de una bolsa de muselina en una jarra medidora y vierta la tintura en una botella de vidrio ámbar esterilizada del tamaño adecuado (350–400 ml/12–14 fl oz). Sella la botella.

e) Etiqueta con todos los ingredientes y la fecha de inicio original. Comience tomando unas gotas todos los días y aumente hasta 1 cucharadita 2 o 3 veces al día. Usar dentro de los 6 meses.

66.   Tintura de pasiflora y manzanilla

Rinde 300–350 ml (10-12 onzas líquidas)

Ingredientes

- 20 g (3/4 oz) de pasiflora
- 20 g (3/4 oz) de manzanilla
- 20 g (3/4 oz) de raíz de valeriana
- 30 g (1 oz) de guindas, frescas o secas 400 ml (14 fl oz) de vodka de buena calidad

Direcciones

a) Asegúrese de que todos los ingredientes secos estén finamente picados, pero no en polvo.

b) Coloque todos los ingredientes, excepto el vodka, en un frasco de vidrio grande con una tapa que cierre bien. Vierta el vodka, cierre bien la tapa y agite varias veces.

c) Etiquete el frasco con todos los ingredientes y la fecha. Coloque el frasco en un armario oscuro y agítelo al menos una vez al día durante 3 semanas.

d) Cuele el contenido del frasco a través de una bolsa de muselina en una jarra medidora y vierta la tintura en una

botella de vidrio ámbar esterilizada del tamaño adecuado (350–400 ml/12–14 fl oz).

e) Sella la botella.

f) Etiqueta con todos los ingredientes y la fecha de inicio original. Comience tomando unas gotas todos los días y aumente hasta 1 cucharadita al final de la tarde y otra antes de acostarse. Usar dentro de los 6 meses.

67.   Tintura de baya casta y dang gui

Rinde 300-350 ml (10-12 onzas líquidas)

Ingredientes

- 20 g (3/4 oz) de bayas castas (también llamadas agnus castus)
- 20 g (3/4 oz) de angélica china (dang gui)
- 20 g (3/4 oz) de agripalma
- 20 g (3/4 oz) de corteza de raíz de black haw (Viburnum prunifolium)
- 20 g (3/4 oz) de manzanilla
- 400ml (14fl oz.) de vodka de buena calidad

Direcciones

a) Asegúrese de que todos los ingredientes secos estén finamente picados, pero no en polvo.

b) Coloque todos los ingredientes, excepto el vodka, en un frasco de vidrio grande con una tapa que cierre bien. Vierta el vodka, cierre bien la tapa y agite varias veces.

c) Etiquete el frasco con todos los ingredientes y la fecha. Coloque el frasco en un armario oscuro y agítelo al menos una vez al día durante 3 semanas.

d) Cuele el contenido del frasco a través de una bolsa de muselina en una jarra medidora y vierta la tintura en una botella de vidrio ámbar esterilizada del tamaño adecuado (350-400 ml/12-14 fl oz). Sella la botella.

e) Etiqueta con todos los ingredientes y la fecha de inicio original. Comience tomando unas gotas todos los días y aumente hasta 1 cucharadita 2 o 3 veces al día. Usar dentro de los 6 meses.

68.   Tintura de bayas de goji y ginseng siberiano

Rinde 300-350 ml (10-12 onzas líquidas)

Ingredientes

- 25 g (escasos 1 oz) de bayas de goji
- 25 g (escasos 1 oz) de ginseng siberiano
- 25 g (escasos 1 oz) de tapas de avena o avena seca
- 20 g (3/4 oz) de bayas de schisandra
- 5 g (1/8 oz) de raíz de regaliz
- 400ml (14fl oz.) de vodka de buena calidad

Direcciones

a) Asegúrese de que todos los ingredientes secos estén finamente picados, pero no en polvo.

b) Coloque todos los ingredientes, excepto el vodka, en un frasco de vidrio grande con una tapa que cierre bien. Vierta el vodka, cierre bien la tapa y agite varias veces.

c) Etiquete el frasco con todos los ingredientes y la fecha. Coloque el frasco en un armario oscuro y agítelo al menos una vez al día durante 3 semanas.

d) Cuele el contenido del frasco a través de una bolsa de muselina en una jarra medidora y vierta la tintura en una

botella de vidrio ámbar esterilizada del tamaño adecuado (350–400 ml/12–14 fl oz). Sella la botella.

e) Etiqueta con todos los ingredientes y la fecha de inicio original. Comience tomando unas gotas todos los días y aumente hasta 1 cucharadita 2 o 3 veces al día. Usar dentro de los 6 meses.

69.   Tintura de trébol rojo y cuchillas

Rinde 300-350 ml (10-12 onzas líquidas)

Ingredientes

- 15 g (1/2 oz) de trébol rojo
- 15 g (1/2 oz) de cuchillas
- 20 g (3/4 oz) de viola (heartsease)
- 20 g (3/4 oz) de hojas de violeta (Viola odorata)
- 20 g (3/4 oz) de raíz de mahonia (Mahonia aquifolium), finamente picada
- 20 g (3/4 oz) centella asiática
- 400ml (14fl oz.) de vodka de buena calidad

Direcciones

a) Asegúrese de que todos los ingredientes secos estén finamente picados, pero no en polvo.

b) Coloque todos los ingredientes, excepto el vodka, en un frasco de vidrio grande con una tapa que cierre bien. Vierta el vodka, cierre bien la tapa y agite varias veces.

c) Etiquete el frasco con todos los ingredientes y la fecha. Coloque el frasco en un armario oscuro y agítelo al menos una vez al día durante 3 semanas.

d) Cuele el contenido del frasco a través de una bolsa de muselina en una jarra medidora y vierta la tintura en una botella de vidrio ámbar esterilizada del tamaño adecuado (350–400 ml/12–14 fl oz). Sella la botella.

e) Etiqueta con todos los ingredientes y la fecha de inicio original. Comience tomando unas gotas todos los días y aumente hasta 1 cucharadita 2 o 3 veces al día. Usar dentro de los 6 meses.

70. Tintura de guardia de invierno de equinácea y saúco

Hace el suministro de 1 mes

Ingredientes

- 20 g (3/4 oz) de raíz de jengibre fresca
- 80 g (23/4 oz) de raíz de equinácea, fresca o seca
- 20 g (3/4 oz) de hojas de tomillo, frescas o secas
- 2 dientes de ajo (opcional)
- 1 chile fresco con semillas (opcional)
- 80 g (23/4 oz) de bayas de saúco, frescas o secas
- 500ml (16fl oz.) de vodka de buena calidad

Direcciones

a) Corta en rodajas finas el jengibre fresco y la raíz de equinácea, arranca las hojas de tomillo fresco de sus tallos y pica el ajo y el chile (si los usas).

b) Exprima suavemente las bayas de saúco. Coloque todos los ingredientes en un frasco grande con una tapa que cierre bien. Cubra con el vodka, mezcle bien y asegúrese de que todos los ingredientes estén completamente sumergidos.

c) Cierra bien la tapa y coloca el frasco en un armario oscuro. Revísalo todos los días, agitando el frasco varias veces. Después de 3 semanas, abre el frasco, cuela los ingredientes a través de una bolsa de muselina, recoge el líquido en una botella de vidrio ámbar esterilizada, etiqueta con los nombres de todos los ingredientes y fecha.

71. Tintura de diente de león y bardana

Rinde 300-350 ml (10-12 onzas líquidas)

Ingredientes

- 20 g (3/4 oz) de raíz de diente de león
- 20 g (3/4 oz) de raíz de bardana
- 20 g (3/4 oz) de bayas de schisandra
- 10 g (1/4 oz) de hojas de alcachofa
- 20 g (3/4 oz) de cardo mariano
- 10 g (1/4 oz) de raíz de genciana
- 400ml (14fl oz.) de vodka de buena calidad

Direcciones

a) Asegúrese de que todos los ingredientes secos estén finamente picados, pero no en polvo.

b) Coloque todos los ingredientes, excepto el vodka, en un frasco de vidrio grande con una tapa que cierre bien. Vierta el vodka, cierre bien la tapa y agite varias veces.

c) Etiquete el frasco con todos los ingredientes y la fecha. Coloque el frasco en un armario oscuro y agítelo al menos una vez al día durante 3 semanas.

d) Cuele el contenido del frasco a través de una bolsa de muselina en una jarra medidora y vierta la tintura en una botella de vidrio ámbar esterilizada del tamaño adecuado (350-400 ml/12-14 fl oz).

e) Sella la botella.

f) Etiqueta con todos los ingredientes y la fecha de inicio original. Comience tomando unas gotas todos los días y aumente hasta 1 cucharadita 2 o 3 veces al día. Usar dentro de los 6 meses.

72.   Crampbark y tintura de valeriana

Rinde 300-350 ml (10-12 onzas líquidas)

Ingredientes

- 25 g (escasos 1 oz) de corteza de calamar
- 25 g (escasos 1 oz) de raíz de valeriana
- 20 g (3/4 oz) de pasiflora
- 20 g (3/4 oz) de manzanilla
- 400ml (14fl oz.) de vodka de buena calidad

Direcciones

a) Asegúrese de que todos los ingredientes secos estén finamente picados, pero no en polvo.

b) Coloque todos los ingredientes, excepto el vodka, en un frasco de vidrio grande con una tapa que cierre bien. Vierta el vodka, cierre bien la tapa y agite varias veces.

c) Etiquete el frasco con todos los ingredientes y la fecha. Coloque el frasco en un armario oscuro y agítelo al menos una vez al día durante 3 semanas.

d) Cuele el contenido del frasco a través de una bolsa de muselina en una jarra medidora y vierta la tintura en una

botella de vidrio ámbar esterilizada del tamaño adecuado (350-400 ml/12-14 fl oz). Sella la botella.

e) Etiqueta con todos los ingredientes y la fecha de inicio original. Comience tomando unas gotas todos los días y aumente hasta 1 cucharadita 2 o 3 veces al día. Usar dentro de los 6 meses.

73.   Tintura de cohosh negro y salvia

Rinde 300-350 ml (10-12 onzas líquidas)

Ingredientes

- 20 g (3/4 oz) de raíz de cohosh negro
- 15 g (1/2 oz) de bayas castas
- 10 g (1/4 oz) de salvia
- 20 g (3/4 oz) de bayas de schisandra
- 15 g (1/2 oz) de agripalma
- 20 g (3/4 oz) de casquete
- 400ml (14fl oz.) de vodka de buena calidad

Direcciones

a) Asegúrese de que todos los ingredientes secos estén finamente picados, pero no en polvo.

b) Coloque todos los ingredientes, excepto el vodka, en un frasco de vidrio grande con una tapa que cierre bien. Vierta el vodka, cierre bien la tapa y agite varias veces.

c) Etiquete el frasco con todos los ingredientes y la fecha. Coloque el frasco en un armario oscuro y agítelo al menos una vez al día durante 3 semanas.

d) Cuele el contenido del frasco a través de una bolsa de muselina en una jarra medidora y vierta la tintura en una botella de vidrio ámbar esterilizada del tamaño adecuado (350-400 ml/12-14 fl oz). Sella la botella.

e) Etiqueta con todos los ingredientes y la fecha de inicio original. Comience tomando unas gotas todos los días y aumente hasta 1 cucharadita 2 o 3 veces al día. Usar dentro de los 6 meses.

74. Tintura de hoja de abedul y raíz de ortiga

Rinde 300-350 ml (10-12 onzas líquidas)

Ingredientes

- 25 g (escasos 1 oz) de raíz de ortiga
- 15 g (1/2 oz) de hojas de abedul
- 25 g (escasos 1 oz) de pelito de la pared
- 15 g (1/2 oz) de hojas de grosella negra
- 20 g (3/4 oz) de álamo blanco o corteza de álamo (Populus tremuloides)
- 400ml (14fl oz.) de vodka de buena calidad

Direcciones

a) Asegúrese de que todos los ingredientes secos estén finamente picados, pero no en polvo.

b) Coloque todos los ingredientes, excepto el vodka, en un frasco de vidrio grande con una tapa que cierre bien. Vierta el vodka, cierre bien la tapa y agite varias veces.

c) Etiquete el frasco con todos los ingredientes y la fecha. Coloque el frasco en un armario oscuro y agítelo al menos una vez al día durante 3 semanas.

d) Cuele el contenido del frasco a través de una bolsa de muselina en una jarra medidora y vierta la tintura en una botella de vidrio ámbar esterilizada del tamaño adecuado (350-400 ml/12-14 fl oz). Sella la botella.

e) Etiqueta con todos los ingredientes y la fecha de inicio original. Comience tomando unas gotas todos los días y aumente hasta 1 cucharadita 2 o 3 veces al día. Usar dentro de los 6 meses.

ALIMENTOS HERBALES

75.   Pollo a las hierbas desmenuzado

Rendimiento: 2 porciones

Ingrediente

- 2 tazas de pan rallado
- 1 cucharadita de sal
- 1 cucharadita de pimienta recién molida
- 2 cucharadas de perejil seco
- 1 cucharadita de mejorana seca
- 1 cucharadita de tomillo seco
- 1 cucharadita de orégano seco
- 1 cucharadita de ajo en polvo
- 1 naranja; rebanado
- 4 mitades de pechuga de pollo deshuesadas y sin piel
- 2 huevos; batido O sustituto de huevo
- 2 cucharadas de mantequilla o margarina
- 2 cucharadas de aceite vegetal
- 1 taza de caldo de pollo o vino blanco
- 1 ramita de perejil fresco

Direcciones:

a) Coloque el pan rallado, la sal, la pimienta, el perejil, la mejorana, el tomillo, el orégano y el ajo en polvo en un procesador de alimentos y muela bien. Sumergir las pechugas de pollo en el huevo batido y luego cubrir con pan rallado.

b) A fuego medio-alto, dore las pechugas de pollo por ambos lados en mantequilla y aceite. Baje el fuego, agregue caldo o vino y cubra. Cocine a fuego lento durante 20 a 30 minutos, dependiendo del grosor de las pechugas.

c) Decorar con rodajas de naranja y perejil.

76. Crema de pollo con hierbas

Rendimiento: 1 porción

Ingrediente

- 1 lata de crema de pollo
- 1 lata de caldo de pollo
- 1 lata de leche
- 1 lata de agua
- 2 tazas de mezcla para hornear Bisquick
- $\frac{3}{4}$ taza de leche

Direcciones:

a) Latas vacías de sopa en una cacerola grande

b) Agregue las latas de agua y leche. Mezcle hasta que quede suave. Calienta a fuego medio hasta que hierva

c) Mezcle Bisquick y la leche. La masa debe ser espesa y pegajosa. Deje caer la masa por cucharadita en la sopa hirviendo.

d) Cocine las albóndigas durante aprox. 8 a 10 minutos. descubierto

77.   Pavo glaseado Dijon con albaricoque

Rendimiento: 6 porciones

Ingrediente

- 6 cubitos de caldo de pollo
- 1½ taza de arroz blanco de grano largo sin cocer
- ½ taza de almendras fileteadas
- ½ taza de albaricoques secos picados
- 4 cebollas verdes con tapas; rebanado
- ¼ taza de perejil fresco picado
- 1 cucharada de ralladura de naranja
- 1 cucharadita de romero seco; aplastada
- 1 cucharadita de hojas de tomillo seco
- 1 mitad de pechuga de pavo deshuesada, aproximadamente 2 1/2 libras
- 1 taza de mermelada de albaricoque o mermelada de naranja
- 2 cucharadas de mostaza Dijon

Direcciones:

a) Para pilaf con hierbas, hierva el agua. Agregue el caldo. Retirar del fuego a un bol. Agregue todos los ingredientes pilaf restantes, excepto el pavo; mezclar bien. Coloque el pavo encima de la mezcla de arroz.

b) Cubra y hornee 45 minutos

c) Retire el pavo del horno; Retire con cuidado Baker con guantes para horno.

d) Revuelva el pilaf justo antes de servir, sirva con pavo y salsa.

78.	Pollo y arroz en salsa de hierbas

Rendimiento: 4 porciones

Ingrediente

- ¾ taza de agua caliente
- ¼ taza de vino blanco
- 1 cucharadita de gránulos de caldo con sabor a pollo
- 4 mitades de pechuga de pollo (4 oz.), sin piel y sin huesos
- ½ cucharadita de maicena
- 1 cucharada de agua
- 1 paquete de queso estilo Neufchatel con hierbas y especias
- 2 tazas de arroz de grano largo cocido caliente

Direcciones:

a) Hierva el agua caliente, el vino y los gránulos de caldo en una sartén grande a fuego medio-alto. Reduzca el fuego y agregue el pollo, cocine a fuego lento durante 15 minutos; volteando después de 8 minutos. Retire el pollo cuando esté listo, manténgalo caliente. Llevar a ebullición el líquido de cocción, reducir a ⅔ taza.

b) Combine la maicena y el agua y agregue al líquido. Llevar a ebullición y cocinar 1 minuto, revolviendo constantemente. Agregue el queso crema y cocine hasta que esté bien mezclado, revolviendo constantemente con un batidor de alambre. Servir:

c) Cubra el arroz con pollo, vierta la salsa sobre el pollo

79. Pollo a la nata y hierbas

Rendimiento: 6 porciones

Ingrediente

- 6 muslos de pollo, pelados y deshuesados
- Harina para todo uso sazonada con sal y pimienta
- 3 cucharadas de mantequilla
- 3 cucharadas de aceite de oliva
- ½ taza de vino blanco seco
- 1 cucharada de jugo de limón
- ½ taza de crema para batir
- ½ cucharadita de tomillo seco
- 2 cucharadas de perejil fresco picado
- 1 limón, en rodajas (guarnición)
- 1 cucharada de alcaparras, enjuagadas y escurridas (guarnición)

Direcciones:

a) En una sartén grande, caliente 1½ cucharadas de mantequilla y aceite. Agregue trozos de pollo que quepan sin amontonarse. cocinar

b) Agregue el vino y el jugo de limón a la sartén y cocine a fuego lento a fuego moderadamente alto, revolviendo para mezclar las partículas doradas. Hervir, reduciendo a aproximadamente la mitad.

c) Agregue la crema para batir, el tomillo y el perejil; hervir hasta que la salsa espese un poco. Vierta los jugos de carne del plato caliente en la salsa.

d) Ajuste la salsa para sazonar al gusto. Verter sobre la carne y decorar con perejil, rodajas de limón y alcaparras.

80. Pollo madeira sobre galletas

Rendimiento: 6 porciones

Ingrediente

- 1½ libras de pechuga de pollo
- 1 cucharada de aceite de cocina
- 2 dientes de ajo, picados
- 4½ taza de champiñones frescos en cuartos
- ½ taza de cebolla picada
- 1 taza de crema agria
- 2 cucharadas de harina para todo uso
- 1 taza de leche descremada
- ½ taza de caldo de pollo
- 2 cucharadas de Madeira o jerez seco

Direcciones:

a) Cocine el pollo en aceite caliente a fuego medio-alto durante 4 a 5 minutos o hasta que ya no esté rosado. Agregue el ajo, los champiñones y la cebolla a la sartén. Cocine, sin tapar, durante 4 a 5 minutos o hasta que el líquido se evapore.

b) En un tazón, mezcle la crema agria, la harina, ½ cucharadita de sal y ¼ de cucharadita de pimienta. Agregue la mezcla de crema agria, la leche y el caldo a la sartén. Agregue pollo y Madeira o jerez; calor a través.

c) Sirva sobre galletas de hierbas.

81. Sopa de pollo con hierbas

Rendimiento: 7 porciones

Ingrediente

- 1 taza de frijoles cannellini secos
- 1 cucharadita de aceite de oliva
- 2 puerros, recortados, lavados
- 2 zanahorias, peladas y cortadas en cubitos
- 10 mililitros de ajo, finamente picado
- 6 tomates ciruela
- 6 patatas nuevas
- 8 tazas de caldo de pollo casero
- ¾ taza de vino blanco seco
- 1 ramita de tomillo fresco
- 1 ramita de romero fresco
- 1 hoja de laurel

Direcciones:

a) Enjuague los frijoles y recójalos, cúbralos con agua y déjelos en remojo durante 8 horas o toda la noche. En una olla grande, caliente el aceite a fuego medio-bajo. Agrega los puerros, las zanahorias y el ajo; cocina hasta que se ablande, unos 5 minutos. Agregue los tomates y cocine por 5 minutos. Agregue las papas y cocine por 5 minutos.

b) Agrega el caldo de pollo, el vino y las hierbas; llevar a hervir. Escurra los frijoles y agréguelos a la olla; cocine 2 horas, o hasta que los frijoles estén suaves.

c) Retire la hoja de laurel y las ramitas de hierbas antes de servir.

82. Pollo al vino y hierbas

Rendimiento: 4 porciones

Ingrediente

- pollo frito
- ½ cucharadita de orégano
- ½ cucharadita de albahaca
- 1 taza de vino blanco seco
- ½ cucharadita de sal de ajo
- ½ cucharadita de sal
- ¼ cucharadita de pimienta

Direcciones:

a) Lavar el pollo y trocearlo. En una pequeña cantidad de aceite, dore los trozos de pollo por todos lados. Retirar el exceso de Aceite.

b) Agregue el vino y el condimento y cocine a fuego lento durante 30 a 40 minutos o hasta que el pollo esté tierno.

83.   Raviolis de hierbas

Ingrediente

- 2 hojas de pasta fresca de 8.5x11"
- 1¼ taza de queso ricota; libre de grasas
- ¾ taza de pan rallado italiano
- ¼ taza de albahaca fresca y ¼ taza de perejil fresco; Cortado
- ⅛ de cucharadita de orégano y ⅛ de nuez moscada
- sal y pimienta negra
- Base de tomate escalfado
- 2 tomates grandes; maduro
- 2 dientes de ajo; en rodajas finas
- 6 hojas de albahaca fresca

Direcciones:

a) En un tazón grande, combine la ricota, el pan rallado, la albahaca, el perejil, el orégano, la nuez moscada, la sal y la pimienta negra.

b) Coloque láminas de pasta planas sobre la superficie de trabajo y deje caer cuatro porciones iguales (alrededor de ¼ de taza) de la mezcla de ricota en los 4 cuadrantes de la mitad izquierda de cada lámina de pasta. Dobla la mitad derecha de la hoja de pasta sobre la otra mitad. Presione hacia abajo alrededor de cada montículo de queso para sellar.

c) Ponga agua a hervir en una olla grande. Coloque los ravioles en agua y hierva de 3 a 5 minutos. Lavar, descorazonar, pelar y picar los tomates. Dejar de lado. Saltee brevemente el ajo, agregue los tomates, la albahaca, el agua y la sal.

d) Cubra y cocine 5 minutos. Coloque la mezcla de tomate en 4 platos para servir y cubra cada plato con dos ravioles.

84. Linguini con hierbas mixtas

Rendimiento: 1 porción

Ingrediente

- 4 zanahorias medianas
- 3 calabacines medianos
- 1 libra de linguini seco
- 1 taza de hojas frescas de perejil de hoja plana empacadas
- ½ taza de hojas de albahaca fresca empaquetadas
- 1 cucharada de hojas de tomillo fresco
- 1 cucharada de hojas de romero fresco
- 1 cucharada de hojas de estragón fresco
- ½ taza de parmesano recién rallado
- ⅓ taza de aceite de oliva
- ¼ taza de nueces; dorado tostado
- 1 cucharada de vinagre balsámico

Direcciones:

a) En una tetera de 6 cuartos, hierva 5 cuartos de agua con sal. Agregue el linguini y cocine durante 8 minutos, o hasta que esté apenas tierno. Agregue las zanahorias y cocine 1 minuto. Agregue el calabacín y cocine 1 minuto. reserva ⅔ taza de agua de cocción y escurra la pasta y las verduras.

b) En un tazón grande, mezcle el pesto y el agua de cocción caliente reservada. Agregue la pasta y las verduras y mezcle bien.

c) En un procesador de alimentos, mezcle todos los ingredientes con sal y pimienta al gusto hasta que quede suave.

85. Farfalle con salsa de hierbas

Rendimiento: 1 porción

Ingrediente

- 2 dientes de ajo -- picados
- 1 libra de farfalle, cocido
- 2 tazas de ramitas de menta fresca
- ¾ de aceite de oliva virgen extra
- ½ taza de caldo de verduras
- 1½ cucharaditas de sal
- ½ cucharaditas de pimienta fresca
- 1 cucharada de jugo de limón
- ½ taza de nueces, tostadas, picadas
- ½ taza de queso parmesano

Direcciones:

a) En una licuadora o procesador de alimentos, agregue las hierbas y el ajo, y mientras la máquina está funcionando, rocíe ½ aceite de oliva, el caldo de verduras y luego el resto del aceite. Agregue sal, pimienta y limón, mezcle y pruebe y ajuste la sazón.

b) Mezcle con la pasta cocida mientras aún está caliente, agregue las nueces y el queso. Adorne con ramitas de hierbas frescas.

86.   Fideos de huevo con ajo

Rendimiento: 4 porciones

Ingrediente

- ½ libra de fideos de huevo
- 4 dientes de ajo grandes
- 1½ taza de hierbas mezcladas
- 2 cucharadas de aceite de oliva virgen extra
- Sal y pimienta

Direcciones:

a) Cocine la pasta en una olla grande con agua hirviendo con sal hasta que esté tierna pero aún firme, de 7 a 9 minutos. Escurrir bien.

b) Mientras tanto, picar el ajo, Picar las hierbas; tendrás alrededor de 1 taza.

c) Combine el aceite de oliva y el ajo en una sartén grande. Cocine a fuego medio, revolviendo ocasionalmente, hasta que el ajo esté fragante pero no dorado, de 2 a 3 minutos. Retire del fuego y agregue las hierbas picadas.

d) Agregue los fideos cocidos a la sartén y revuelva. Sazone con sal y pimienta al gusto y mezcle bien

87. Cappelini con espinacas a las finas hierbas

Rendimiento: 6 porciones

Ingrediente

- 8 onzas de pasta cabello de ángel (capelini)
- 10 onzas de espinacas congeladas
- 1 libra de espinacas frescas
- 1 cucharada de aceituna virgen
- 1 cebolla; Cortado
- 2 cucharadas de perejil fresco
- $\frac{1}{2}$ cucharadita de hojas secas de albahaca
- $\frac{1}{2}$ cucharadita de orégano en hojas secas
- $\frac{1}{2}$ cucharadita de nuez moscada molida
- Sal y pimienta para probar
- 2 cucharadas de queso parmesano rallado;

Direcciones:

a) Ponga a hervir una tetera grande con agua y cocine la pasta hasta que esté al dente, 3 minutos. Escurrir en un colador; dejar de lado. Mientras tanto, coloque las espinacas congeladas en una rejilla para cocer al vapor sobre agua hirviendo hasta que se ablanden un poco.

b) En una sartén antiadherente, caliente el aceite y saltee la cebolla hasta que se ablande. Coloque las espinacas, la cebolla, el perejil, la albahaca, el orégano, la nuez moscada, la sal y la pimienta en una licuadora o un procesador de alimentos con cuchilla de metal y procese hasta obtener un puré. Coloque la pasta en un tazón para servir, mezcle con la salsa y espolvoree con queso parmesano.

88.   Arroz herbal de Malasia

Ingrediente

- 400 gramos de salmón fresco
- 2 cucharadas de salsa de soja y 2 cucharadas de Mirin
- 6 tazas de arroz jazmín cocido
- Hojas de lima kaffir
- ½ taza Tostadas; Coco rallado
- cúrcuma/galanga; pelado
- 3 cucharadas de salsa de pescado

Vendaje

- 2 chiles rojos pequeños; sin semillas y picado
- ½ taza de albahaca tailandesa
- ½ taza de menta vietnamita
- 1 aguacate maduro; pelado
- 1 guindilla roja; picado
- 2 dientes de ajo; picado
- ⅓ taza de jugo de limón

Direcciones:

a) Mezclar la soja y el mirin y verter sobre el pescado y marinar durante 30 minutos. Calentar una sartén o grill y cocinar el pescado hasta que esté dorado.

b) Cortar en juliana la cúrcuma, la galanga, el chile y las hojas de lima kaffir y mezclar con el arroz cocido. Añadir el coco tostado, la albahaca y la menta y mezclar con la salsa de pescado. Dejar de lado.

c) Haga un puré con todos los ingredientes del aderezo, luego doble el aderezo a través del arroz hasta que el arroz adquiera un color verde pálido. Desmenuce el pescado cocido y agréguelo al arroz.

89.   Cabello de ángel con salmón ahumado

Rendimiento: 4 porciones

Ingrediente

- 8 onzas de pasta cabello de ángel; crudo
- 6 onzas de salmón ahumado; en rodajas finas
- 3 cucharadas de aceite de oliva
- 1 ajo grande; picado muy fino
- 2¼ taza Picado; tomates sin semillas
- ½ taza de vino blanco seco
- 3 cucharadas de alcaparras grandes escurridas
- 1½ cucharadita de hierba de eneldo de las Islas de las Especias
- 1½ cucharadita de albahaca dulce de las Islas de las Especias
- ½ taza de queso parmesano; recién rallado
- 2 tazas de tomates, vino

Direcciones:

a) Prepare la pasta según las instrucciones del paquete.

b) Mientras tanto, corte el salmón, a lo largo del grano, en tiras de ½ pulgada de ancho; dejar de lado.

c) En una sartén grande, caliente el aceite a fuego medio-alto hasta que esté caliente; cocine y revuelva el ajo hasta que esté dorado.

d) Revuelva las alcaparras, el eneldo y la albahaca; cocine hasta que la mezcla esté caliente, revolviendo ocasionalmente.

e) En un tazón grande, combine la mezcla de pasta y tomate; mezcle para combinar.

f) Agrega el salmón y el queso; mezcle ligeramente. Adorne con los tomates restantes y el perejil, si lo desea.

90. Bacalao a las finas hierbas

Rendimiento: 4 porciones

Ingrediente

- 3 tazas de agua
- ½ taza de apio en rodajas
- 1 paquete de caldo de pollo instantáneo
- ½ limón
- 2 cucharadas de hojuelas de cebolla deshidratada
- 1 cucharadita de perejil fresco, picado
- ½ cada hoja de laurel
- ⅛ cucharadita de clavo molido
- ⅛ cucharadita de tomillo
- 4 filetes de bacalao deshuesados y sin piel
- 2 tomates medianos, cortados por la mitad
- 2 pimientos verdes medianos, sin semillas y cortados por la mitad

Direcciones:

a) En una sartén de 12 pulgadas, combine el agua, el apio, la mezcla de caldo, el limón, las hojuelas de cebolla, el perejil, la hoja de laurel, los clavos y el tomillo. Llevar a ebullición, luego reducir el fuego a fuego lento. Agrega el pescado y escalfa de 5 a 7 minutos. Agregue las mitades de tomate y pimiento verde, y termine de cocinar hasta que el pescado se desmenuce fácilmente. Retire el pescado y las verduras, manténgalo caliente.

b) Cocine el líquido hasta que se reduzca a la mitad. Retire el limón y la hoja de laurel. Coloque el líquido y la mitad de los tomates y pimientos cocidos en un vaso de licuadora. Puré hasta que quede suave

c) Vierta sobre el pescado y el tomate y los pimientos restantes.

91.   Salmón escalfado frío

Rendimiento: 1 porción

Ingrediente

- 6 sin piel; (6 onzas) de filetes de salmón
- sal y pimienta blanca
- 3 tazas de caldo de pescado o jugo de almejas
- 1 manojo de orégano
- 1 manojo de albahaca
- 1 manojo de perejil
- 1 manojo de tomillo
- 6 tomates; pelado, sin semillas y cortado en cubitos
- $\frac{1}{2}$ taza de aceite de oliva virgen extra
- $1\frac{1}{2}$ cucharadita de sal
- $\frac{1}{2}$ cucharadita de pimienta negra recién molida

Direcciones:

a) Sazone el salmón por todas partes con sal y pimienta.

b) Hierva el caldo o el jugo en una sartén grande a prueba de horno. Agregue el pescado, de modo que apenas se toquen, y vuelva a hervir el líquido. Transfiera al horno y hornee 5 minutos mientras da vuelta al pescado.

c) Para hacer el aderezo, retire los tallos y pique finamente todas las hierbas. Mezcle todos los ingredientes en un tazón pequeño y reserve en el refrigerador.

92. Filetes de hierba de eneldo

Rendimiento: 4 porciones

Ingrediente

- 2 libras de filete de huachinango
- ¾ cucharadita de sal
- ½ cucharadita de pimienta molida
- ½ taza de aceite de oliva
- 1½ cucharada de perejil picado
- 1 cucharada de chalotes picados, especias
- 1 x hunter liofilizado o fresco
- 1 pizca de orégano
- ¼ taza de jugo de limón recién exprimido

Direcciones:

a) Coloque el pescado en una fuente para hornear poco profunda, aceitada y de una sola capa. Espolvorea con aceite, perejil, chalotes, eneldo y orégano. Hornee en un horno precalentado a 350 grados F hasta que la carne apenas se separe cuando se prueba con un tenedor, de 15 a 20 minutos. Bañe dos veces con los jugos de la sartén mientras hornea. Retire el pescado a un plato para servir.

b) Mezcle el jugo de limón en la grasa de la sartén y luego viértalo sobre el pescado.

93. Crujiente de pescado al horno y hierbas

Rendimiento: 4 porciones

Ingrediente

- 4 cada uno Filetes de pescado blanco
- 1 cucharada de agua
- $\frac{1}{8}$ cucharadita de pimienta de limón
- 1 cucharadita de margarina baja en grasa, derretida
- 1 cada clara de huevo
- $\frac{1}{2}$ taza de migas de copos de maíz
- 2 cucharaditas de perejil fresco picado

Direcciones:

a) Precaliente el horno a 400F. Rocíe ligeramente un molde para hornear poco profundo de tamaño mediano con spray vegetal. Enjuague el pescado y séquelo.

b) En un tazón pequeño, bata la clara de huevo con un poco de agua. Sumergir el pescado en clara de huevo, luego enrollarlo en migas. Coloque el pescado en una bandeja para hornear. Espolvorea con pimienta de limón y perejil, luego rocía la margarina por encima.

c) Hornee sin tapar durante 20 minutos o hasta que el pescado se desmenuce fácilmente.

94. Fetuccini con gambas

Rendimiento: 2 porciones

Ingrediente

- 1 paquete de mezcla cremosa de sopa de hierbas Lipton
- 8 onzas de camarones
- 6 onzas de Fettuccini, cocido
- $1\frac{3}{4}$ taza de leche
- $\frac{1}{2}$ taza de guisantes
- $\frac{1}{4}$ taza de queso parmesano, rallado

Direcciones:

a) Mezclar la mezcla de sopa con la leche y llevar a ebullición. Agregue los camarones y los guisantes y cocine a fuego lento durante 3 minutos hasta que los camarones estén tiernos.

b) Mezcle con fideos calientes y queso.

95.   mejillones al ajillo

Rendimiento: 1 porción

Ingrediente

- 1 kilo de mejillones vivos frescos
- 2 chalotes o 1 cebolla pequeña
- 200 mililitros de vino blanco seco
- 1 hoja de laurel
- 1 rama de perejil
- 125 gramos de mantequilla
- 1 cucharada de perejil picado; hasta 2
- 2 dientes de ajo; aplastada
- Pimienta negra recién molida
- 2 cucharadas de pan rallado blanco fresco para terminar
- 250 gramos Sal marina para presentación

Direcciones:

a) Picar la cebolla y colocarla en una cazuela de buen tamaño con el vino, el laurel, el tomillo y el perejil y llevar a fuego lento. Añadir los mejillones, comprobando que estén cerrados y desechar los que estén abiertos.

b) Tape la cacerola y cocine a fuego lento durante 5 o 6 minutos o hasta que los mejillones estén abiertos.

c) Bate la mantequilla y mezcla bien el perejil y el ajo con un poco de pimienta negra. Coloque 1/2 cucharadita en cada mejillón, agregue una pizca de pan rallado y colóquelo en una parrilla caliente durante 2-3 minutos.

Servir los mejillones calientes sobre la cama de sal marina.

96.   Pescado caribeño al vino

Rendimiento: 1 porción

Ingrediente

- 1 taza de arroz o cuscús -- cocido
- 4 hojas de papel pergamino, papel de aluminio
- 2 calabacines pequeños
- 1 chile poblano
- Pasillo -- en tiras finas
- 1 libra de pescado blanco firme deshuesado
- 4 tomates medianos
- 10 aceitunas negras
- 1 cucharadita de albahaca fresca picada
- tomillo -- estragón
- perejil y cebolla verde
- 1 huevo

Direcciones:

a) ¡Coloque en una bandeja para hornear y cocine por 12 minutos o hasta que el pescado esté listo! Coloque ½ taza de arroz cocido en el medio.

b) Cubra cada porción con ½ taza de tiras de calabacín, un trozo de pescado, ¼ de taza de tomate cortado en cubitos y 3 tiras finas de chile.

c) Espolvorea una cuarta parte de las aceitunas picadas en cada porción y cubre con ¼ de cada una de las hierbas frescas.

d) Combine todos los ingredientes de la salsa y el puré. Verter en una cacerola pequeña y llevar a ebullición a fuego medio. Tensión

97.   Rape al ajillo

Rendimiento: 4 porciones

Ingrediente

- 700 gramos Colas de rape fileteadas
- 85 gramos de mantequilla
- 2 dientes de ajo -- triturados
- Huevo batido)
- Jugo de un limón
- 1 cucharadita de hierbas finamente picadas
- Harina sazonada

Direcciones:

a) Ablande la mantequilla y agregue las hierbas y el ajo. Enfriar. -- Hacer un corte en cada filete de rape y envasar con la mantequilla de hierbas fría. Dobla hacia arriba para encerrar la mantequilla. Rebozar cada trozo en harina sazonada, sumergir en huevo batido y rebozar en pan rallado. Presione las migas firmemente sobre el pescado.

b) Coloque el pescado en un plato con mantequilla. Vierta un poco de mantequilla o aceite derretido y jugo de limón encima. Cocine durante 30-35 minutos a 375F/190C.

c) Servir de una vez.

98. Chuletas de cerdo a las hierbas

Rendimiento: 4 porciones

Ingrediente

- 1 huevo
- ⅓ taza de pan rallado seco
- ¼ taza de albahaca fresca, picada
- 2 cucharadas de orégano fresco, picado
- 1 cucharada de queso parmesano, fresco rallado
- 1 cucharadita de tomillo fresco, picado
- ½ cucharadita de Pimienta
- ¼ de cucharadita de sal
- 1 libra de chuletas de cerdo para freír rápido
- 2 cucharadas de aceite vegetal

Direcciones:

a) En un plato poco profundo, bata ligeramente el huevo. En un plato hondo aparte, mezcle el pan rallado, la albahaca, el orégano, el queso parmesano, el tomillo, la pimienta y la sal. Sumerge la carne de cerdo en el huevo para que se cubra bien; presione en la mezcla de pan rallado, volteando para cubrir todo.

b) En una sartén grande, caliente la mitad del aceite. A fuego medio; cocine la carne de cerdo, en lotes y agregue el aceite restante si es necesario, volteándola una vez, durante 8-10 minutos o hasta que quede solo un toque rosado en el interior. Sirva con papas rojas nuevas y frijoles amarillos.

99. Salchicha de hierbas del monasterio

Rendimiento: 1 porción

Ingrediente

- 400 gramos de carne magra de cerdo
- 400 gramos de carne de res magra
- 200 gramos de tocino de cerdo verde o graso
- Panceta de cerdo sin piel
- 20 gramos de sal
- 2 cucharaditas de pimienta blanca finamente molida
- 1 cucharadita de tomillo
- 1 cucharadita de mejorana
- 5 piezas de pimiento
- 1 pieza finamente molida
- Canela

Direcciones:

a) Pica carne de cerdo, ternera y manteca a través de un disco de 8 mm. Mezcle hierbas y especias y espolvoree sobre la masa de carne y mezcle todo a mano durante 5-10 minutos.

b) Coloque el embudo en la batidora y llene las tripas de cerdo. Gire en la longitud de su elección.

100. Filete de cordero a las finas hierbas

Rendimiento: 4 porciones

Ingrediente

- 450 gramos de filete de cuello de cordero
- 1 cucharadita de tomillo seco
- 1 cucharadita de romero seco
- 2 dientes de ajo, en rodajas finas
- 2 cucharadas de aceite de oliva
- Sal y pimienta negra recién molida

Direcciones:

a) Corte cada trozo de cordero por la mitad transversalmente y luego córtelo a lo largo, no del todo, y ábralo como un libro. Para cocinar de forma segura en una barbacoa, cada pieza no debe tener más de 2 cm/¾ de pulgada de grosor. Si es más gruesa, bátala ligeramente con un rodillo entre 2 trozos de film transparente.

b) Combine todos los ingredientes restantes en un tazón y agregue el cordero. Mezcle bien, luego cubra y deje en el refrigerador por hasta 48 horas, volteando ocasionalmente.

c) Coloque la carne en la parrilla de la barbacoa y cocine durante 4-5 minutos por cada lado.

d) Asegúrate de que esté bien cocido. Cepille ligeramente con la marinada durante la cocción.

CONCLUSIÓN

Los chefs y los cocineros caseros usan hierbas frescas y secas para preparar platos dulces y salados, que van desde ricas salsas hasta ensaladas ligeras y productos horneados con hierbas. Además de sus usos culinarios, se ha confiado en las hierbas medicinales y sus valiosos aceites esenciales por sus beneficios para la salud desde la Edad Media, que van desde beneficios antiinflamatorios y antivirales hasta poderes tópicos para aclarar la piel.

Conviértase en un mejor cocinero casero a base de hierbas con los platos destacados en este libro.

www.ingramcontent.com/pod-product-compliance
Lightning Source LLC
Chambersburg PA
CBHW051705160426
43209CB00004B/1024